市町村合併をめぐる状況分析

小西砂千夫

JN295654

ックレットNo. 76

はじめに

今日は、北海道が市町村合併に関し、ある種の警戒感が非常に強い地域であることを承知の上で参りました。私は合併推進派でありますが、あらゆる合併がすべて正しいというような、そんなアホなことは有り得ない。「いい合併」もあれば「よくない合併」も当然あるわけで、それは例えて言えば「いい結婚」もあれば、幸せになるはずだったけれども結果的にそうならなかった「よくない結婚」もあるというように、しなかった方がよかったんじゃないかなという合併もあるわけでして、それはある程度予見できる部分も本当はあるわけです。

そういう意味であらゆる合併が正しいなどとは思っておりません。ただ、町村合併をしたらいいのになと思うようなところが道内でもやはりあると思いますし、そういうところが非常に警戒感を持っておられるという現実に対して、私が知り得る限りの情報を提供したいと思っております。

私は道内の人間ではありませんので、北海道が持っている背景を完全に知ることはありませんが、おそらくこういうことではないだろうかということを織り交ぜた上で申し上げたいと思うわけです。今日の主なお客様は学生ではなく行政職員の方ですので、一番やりやすいですね。なぜかというと共通の言語がたくさんあるからです。言葉が通じますから短い時間でコミュニケーションがとれる。そういう部分があって、今日は森先生もそこにいらっしゃいますので、いい加減にごまかしたらすぐばれるというわけです。合併したら交付税が得すると言ったら嘘だというのがすぐ分かるわけです。

実際、合併して交付税が得になるのかといったら、まあ得か損か難しいところです。得とも言えるし損とも言える。本当のところは割と難しいんですよ。人口5万人の財政力指数0・5と、人口5千人の財政力指数0・5は違うか同じか。結構難しい話ですよ。何とも言えないところがあります。やはり5千人の方がちょっとつらそうだなという感じがありますが、どう違うかと言えば、「揺すったらでてきますわ」というところと「揺すってもでまへんな」というところの違いぐらいですね。そういう話は行政職員の方でしたら、「まあそうやろな」というようなもんですが、一般の方は「何言うてんやこいつ」というようなもんですから、話がしやすいわけです。

合併には希望も期待も大きいですが、非常に厳しい部分もあるということを包み隠さず申し上げるつもりです。それが私の本意です。

1　「いい合併」と「よくない合併」

私は合併推進派と申しましたが、やはりやったら「いい合併」と、やることにどれだけ意味があるか「分からない合併」があるんです。

宝塚、川西、伊丹、猪名川「合併話」

例えば、私はレヴューで有名な宝塚市に住んでいるのですが、今、突然、浮上した「合併話」があるんです。

宝塚市は人口約２０万人です。

本物の宝塚レビューのファンは梅田から始まるんです。梅田から宝塚線にのった瞬間からレヴューの楽しみが始まるというのが田辺聖子の小説にあります。宝塚大劇場がスパッと見える瞬間。「その瞬間に乙女の胸は高まるのである」というような意味のことが田辺聖子の小説に書いてます。まあ分からない人には何を言っても分からない世界です。

伊丹市は昔はお酒で有名ですが、今は空港のまちのイメージが強いですね。

川西市全体がニュータウンみたいなもので、ニュータウンが猪名川町までつながっているんです。これを全部合わせると3市1町で60万人弱です。

猪名川町だけが小規模です。この3市1町で合併しようというのです。

私が「この合併をどうするか」と仮に聞かれたとすれば「この合併は住民の理解は得にくいと思います」というふうにおそらく言うでしょう。

ただ川西市と猪名川町の合併は特例法の範囲内で真剣に考えた方がいいと思います。猪名川町というのはだいたいニュータウン人口が大きな割合を占めるところですので、しかもニュータウンがつながっていて、ここは能勢電鉄を使って大阪の通勤圏ですね。しかも川西を経由して乗り換えなしの直通の電車があって大阪の通勤客を運んでいるという、だいたい30分ぐらいで大阪まで行きます。そういう意味では一体的な整備をする時に、ごみ処理なんかの問題も若干しんどいところがあるんです。

要するに都市的整備がなかなかしんどい。人口急増ですから小学校を建ててほっとしたところだと思います。同じようなことが北海道でも札幌市にもたくさんあると思いますよ。今後、ここはどうしても頑張っていくのかどうか、それは考えどころです。

猪名川町というのは古いところで、多田銀山なんていうのも近くにありまして、歴史のあるところですから、そういう意味では頑張っていこうというのは不可能ではありませんが、現にニュータウンにたくさん人口がいて、ほとんどの住民は猪名川や川西どころか大阪に向いているという状況の中で、ここに住宅環境を整備する時にやはり独力では限界があるというふうに外側から見えてますし、川西市の方は猪名川町さえその気ならおそらくウエルカムです。

そうするとこの問題は川西市がいかに猪名川町に対して引け目を感じさせないような姿勢でお迎えをするかという問題になります。ただ形はどうあれ、猪名川町が川西市に吸収されるというような意識しかもてないような合併はよくないです。形式は編入であっても気持ちは対等がいい。猪名川としてその上で忍びがたきを忍び、辛いけれども今現にいる住民の将来のことを考えた時に、行政区画へのこだわりをむしろ捨てる勇気があるやなしやというような話だと思います。

この三都市の連携は、これは広域行政の話です。合併という重大事をやりとげるだけのエネルギーは三都市のなかでは出ないと思います。

期限を切られた合併

ご承知のように合併特例法は十七年三月末という期限が切られています。合併という厳しい問題に期限があることは本当に辛いし、腹立たしいところでもある。

ありますけれどもまあ十七年三月までならば多額の財政的支援というお土産付けましょうかという時に、このお土産、鼻先にぶら下げられた人参を食うべきか食わんべきか、それはやはり考えてもらわなければ仕様がないです。

全国町村会は「こういう期限を切った合併はいかがなものか」とやっておられるんです。それは当然やるべきことだと思います。売られた喧嘩は買わなければいけませんが、買う一方で後々のことも考えて、やはりいろいろ考えなきゃいかんということもあります。

だからあらゆる合併が望ましいなんていうことはありませんが、この際、期限が切られていることは非常に不本意ながら、わがまちの合併をどうするかということに関して、やはり議論をしなくては仕方がないという感じです。

我々個人の人生に置き換えてみますと、自分としてはある種思いを持ってやってきたが自分の思いではどうしようもないような問題が起きてきて、非常に腹立たしい事が起きた場合に「いやあこれはやはりあくまで抵抗してこうしよう」という生き方もあれば、腹立たしさを内に秘めつつもやはり何かアクションを起こしていくというやり方もありますよね。

それはどちらでも構わないわけですが、その時に一番いかんのは思考停止してしまう事なんです。その腹立たしさのあまり思考停止してしまう。自分が殴られた、殴られたという事で頭に血が上って、なんとかやり返さなければいかんというところでいたずらに日を過ごしていくというのは、自分の人生に振り返った時にそれはあんまり賢い生き方ではないと思うんです。

私がお話ししたい事は、北海道の市町村にとっても合併がすべて現実的でありすべて正しいなんていうことは有り得ない。しかし、合併にむけてよき合意ができればそれはいい合併ですから、そういう意味で、合併が全部成功するとは思いませんし、道が示した合併の組み合わせがすべて正しいということは有り得ない。ただ、思考停止をしないでお考えいただきたいなと思います。

合併で一番辛いのは職員

合併する時に一番辛い思いをするのはどなたかというと、間違いなく行政職員です。それはそうです。だって職場で積み上げてきた皆さんの信用がゼロになるんですからね。いろんな局面で一生懸命やってきた人であるという評価を受けている方が、新しい職場では全くゼロ評価になって、この間まで遊んでいた奴と同列に扱われてる。これ耐え難いですよね。この間まで遊んでいたり、ひどいことばっかりやっていた奴が隣にきて手の平を返したように、上司におべっか使う。なんか面白くないですよね。

例えば住民票を扱う事務にしても、それぞれの市町村で50年以上ずっと同じ組織できてますから、やっぱりクセがあるんですよ。やり方が若干違うんです。何でもいいのですが合併すると統一しなくてはいけない。その時にどこに合わせるかです。どっちのやり方でもいいけれどもどこかに合わせなくてはいけない時に、自分の出身自治体と違うやり方に合わせられたら何か嫌ですよね。人間というのはそういうことでも何か嫌ですよ。

合併というのは実は「役所と役所の組織の統合」なんです。住民にとってどうかという問題はありますが、まず一番大きい問題は組織の統合です。

極論すれば組織が速やかに統合して、あたかも一つの自治体のように合併した次の日から利害調整機能が見事に動きだす、有り得ないですよ、有り得ないけれども利害調整機能が見事に動きだしたら、実は住民から見たら被害はほとんど及ばないと思います。

要するに役所というのは利害調整機能をするところが一番のポイントですから、組織と組織が十分うまく統合されて、そして行政区画内の様々な問題に関してある種のバランスのとれたソルーションが出てくるような、そういう組織体になると、意思決定機構ができる。そうすれば合併への懸念はなくなる。

そんなことが簡単にできるはずがありませんけれどね。

そのために市町村の役所で働いている人間は、合併しなければやらなくてもすむ苦労をやはりせざるを得ないというわけです。

合併は政治家が腹を括りさえすれば、職員には「面白い仕事」

ところが、合併を経験した当事者の証言では「なんということはない」というのが意外に多い。自分がやった仕事に対して極めて誇りを持って、「こんな苦労がありました」となんか合併という苦労の多い仕事をやり遂げた人の何ともいえない満足感を満面に浮かべて語るんです。やはり日本の行政職員というのは誠実なんだなと思いますね。

偉業は偉業なんです。大変なことです。公務員というのは上がちゃんと決めてくれて仕事にしてくれたら、少々しんどい仕事の方が、やってみたらおもろいというようなもんですが。一番嫌なのは上がどっちに向いているか分からへん時です。

だから篠山市のケースのようにある意味で議会と首長がパーッと先に走ったら、付いて行く者はまあ大変だけどそれはそれなりに「おもろい仕事でした」ということなんでしょうね。合併なんてやったところから見れば、やってやれないことはないというわけですね。

偉業をやり遂げた人間はなんかすごく簡単なことのように話すんですね。だから篠山の市長の話なんか聞くと、それは当事者の証言なんだから間違いないけれども、皆さんなんか淡々と話されて嘘っぽいぞと思ったのではないですか。やったところはそんなもんです。振り返ってみれば結構楽しい。

ただ何回も言いますが、それは首長と議会がそういう意味で腹括ったからですね。この合併という事務事業は腹括ってもらわないと行政職員としては困るんです。えらい事業です、答えがないですからね。

合併を潰すのは簡単ですよ、相手の悪口を言ったらいいのですから。お互いが相手の悪口を言い出したらもう次の日に合併協議会は、法定協議会にまで行ったって、お互いの悪口を言い出したらもう事実上休会、解散です。「潰すぞ」と首長が決断したらもう次の日には潰れますよ。

合併をやりとげるには物凄い調整業務が出てきます、まあ時間かければできると、実際のところは時間をかければできると、そういうもんですね。だから合併というのは役所と役所の統合です。皆さん行政職員の方ですから特にそういう話をしましたが、行政職員の方が一番つらい役回りですが、まあ上というか政治家がその気になってくれれば面白い仕事だというのがやり遂げた人の感想です。

2 町村合併は「今と将来のバランス」の中での決断

「100年の大計」と「明日の飯」

全国で合併に対して非常に警戒感が強い都道府県が幾つかあります。北海道、高知が双璧です。それははっきり意味があると思いますよ。やはり危機感があるんですよ。北海道は「北海道拓殖銀行」が潰れるし、「雪印」はと、まあいい話が何もないわけですね。

やはり、北海道は危機感がすごくあります。町村合併というのは、「今と将来のバランス」の中で決断していかないといけないことなんですね。

昭和の大合併という強制合併で、暗黒の時代であるというふうに考えておられるかもしれませんが、昭和の大合併の時に、直後に書かれたようなものを読みますと、割に多いのは「地方自治100年の大計の礎とならんために自分は捨て石になるという覚悟がありました」なんていうことを合併で消えた自治体の首長さんが言っているわけです。

それは昭和20年代から30年代にかけての日本の雰囲気を表していると言えるわけですが、今の日本はやはり得手勝手人間の集まりみたいなところがありますので、得手勝手な人間ばっかり集まった状況の中で「この国の地方自治の発展の100年の体系の下で、自分は捨て石になる」というような言い方は時代的風景としても非常に言いにくくなってます。「100年の大計はいいけれども明日の飯はどないなっとんねん」といわんばかりの議論がありますからね。やはり100年の大計の下で100年のタームとして我が身を捨てる気持ちでしたという扱いをするのはNHKではプロジェクトXだけですね。

あんなくさい番組はなぜやっていいのかというと、やはり熱かった日本の時代を思い出せ、という非常に押し付けがましいメッセージなんですよ。でも、僕はやはり学生には授業中には「あのメッセージは正しく受け止めた方がいいと思うよ」と言っています。やはり全体として自分達のコミュニティなり、国全体を盛り上げていきましょうという気持ちがない本当に得手勝手な人間ばっかりでは、社会全体が不幸にならざるを得ないですから。

市町村合併も様々な利害計算をした上で、最後はそこなんですよ。「今と将来との間のバランス」を考えた時に、これはいいソルーションであるというふうに当事者が全員決断した時に市町村合併はできるわけです。

だから現状のように、今と将来でいくと、やはり今のことをベースに考えていくという風潮、あるいは自分のことを一番に考えていく風潮の中で、本当にするべきことでも非常にやりにくくなっている。

そして北海道は経済が厳しいし、東京への依存もあるので特に厳しいわけです。そして「交付税切る」なんていう話が北海道新聞にドカンと出ると、「いよいよ俺たちを日干しにする気か」という警戒感を持つ。これは当たり前です。やはりそういう雰囲気がある中で、天下国家のことを考えて合併しましょうといったって、そんなの受け入れられへんですよ。それは無理ですわ。だから北海道と高知がこの問題に関してやはりなんか警戒感がすごく強いというのは当然だと思います。

自民党はやはり農村から都市に基盤を少しずつ移している。それは小泉内閣でそうなったわけではないです。、総裁選挙の時に小泉首相は市町村合併に対して何にも言わなかったんです。選挙のあと総務省の次官が恐る恐る市町村合併について説明しだしたら、彼は当然やるべきだとして、それ以上関心を示さなかったそうです。

要するにどういうことかと言うと、前の内閣でやりかけた構造改革に「私は興味が無い」、やって当たり前だと言わんばかりです。全国の自治体を整理する、これが構造改革やというのは、ちょっとやはり皆さん腹に据えかねるところがあるでしょう。

そういう自民党が都市にウエイトを移している。自民党としては農村に冷たくしているわけでは無いと言ってますが、実態的にはやはりそうではないと思います。自民党が典型的な都市政党である公明党と組むことによって、政権を取り続けようとしていることが象徴的な現象だと思います。

公共事業に対する「後ろめたさ」

この間、島根県にいく機会がありまして、首長さんだけの勉強会にださせていただきまして、「日本の政治は竹下以前と竹下以後では大きく変わったわけでありまして……」というようなことを申し上げたんです。それは都市と農村との間のバランスをどうとるべきかの感覚が竹下以前と竹下以後でははっきり変わったという意味で、申し上げたんです。

それに対して後で質問の時間にある首長さんが「先程先生は竹下さんの時代、島根県はたくさんの公共事業があったと言いましたが」と言うのです。私はそんなことは言ってない。「竹下以前と竹下以後の政治の構図が大きく変わったと思いますよ」というだけですが、反応が過剰であったのがおもしろかったです。

昨日、ニュースステーションで、非常に暗喩的な公共事業に対するネガティブキャンペーンのぎりぎりのやつをやってました。あそこで出てくるのも一つの「後ろめたさ」がテーマですね。僕は後ろめたさは確かにあると思います。それはニュースステーションがやらせでやったのではなくて、公共事業というもので御飯を食べているということに対する「後ろめたさ」はやはりあると思います。それは日本人が誠実であるということだと思いますよ。

長野県なんていうのは、極論すれば「浮動票がない県」かもしれません。つまりある種の地域経済の分配構造になんらかの意味で引っ掛かってない人が、人口比でいうとすごく少ない。引っ掛かってない人が一番多いのはどこかというと東京ですね。そういう意味で無党派がたくさんいるわけです。

その長野県で、あの人が知事になったら公共事業を抑制することがわかっていて当選した人が知事になったわけです。

無駄なダムも結構あると思います。交通を助けている農道もチャンとあると思いますが、無駄な農道もある。農道が一般道と平行して走っているのはなんでかと言うと、それはウルグアイラウンド対策で農道事業費が膨れたからですね。費用対効果を考えて計画を立てたとは思えない。いつまでも公共事業に頼れないと思う気持ちがあるからこそ、長野でも田中さんが知事になった。いずれにしても今北海道が非常に厳しい状態に置かれていて、それに対して皆さんとして市町村合併は今と将来とのバランスの中で、あるいは考えるべきことであると言いながら、そういう気分になれないのが一つの事実と、それとしかしながら一方ではそのばらまきに対して非常に後ろめたい気分というのが、やはり全国各地にあって、その都市住民だけが農村をうらやんでいるというわけではなくて、農村の方もこのままでいいはずはないという雰囲気があるという状況も一方ではあるわけです。

そこで市町村合併というこの何ともいえん球をどうつかまえるかという話です。そういう意味で今、北海道が置かれた状況をどう理解すべきでしょうか。あくまで従来路線で行くか、方向転換を図るか、難しいところですね。

3　「期限付き合併」にどう対処するか

「まちづくりとしての合併」

期限を切った合併というのは、非常に筋の悪い話です、しかし期限を切ってきたという現実にどう対応するかという問題は残ります。

合併とはすなわちまちづくりである。私が合併問題に一番最初に関わったのは淡路島です。淡路島は1市10町ありまして、面積は700平方キロですから札幌よりは小さい。札幌は異常に大きいですけどね。神戸よりちょっと大きいぐらいで、人口16万人です。シンガポールとほぼ同じ面積です。シンガポールは３００万人ですが。真ん中に山が通っていて明石海峡大橋と大鳴門橋で明石と四国に結ばれている。両方の橋の間が淡路縦貫道です。まん中の三原平野は玉葱のよくとれるところです。北海道には負けますけれど西日本の玉葱の王です。ここに１市１０町あるんですよ。市とは洲本市です。

今の特例法ができる前にまだ住民発議が始まる前の時代から、この淡路島の地域研究という形で、淡路島における地域研究の中の一つの各論として市町村合併の問題を勉強し始めた。だいたいそれが僕にとっての原点なんですね。

淡路は１市１０町１６万人。この１０町は2郡なんですよ。面積は７００平方キロですが真ん中に高速道路が通っています。北端から南端まで３０分もかからないというような感じです。あとは周辺道路が中心ですが、道路もあって、島ですから当然海岸だけが迫っているところもありますので、道路事情はそんなにいいというわけではありませんが、渋滞するとはいいながら都心ほどではないという感じです。

江戸時代は淡路は一つの統治機構ですね。ところが維新になりまして、淡路島は四国に入ったり、兵庫県に入ったりいろいろするんですが、最終的には兵庫県に入るわけです。その時に一つの統治機構を分断するわけですね。大区、小区とありますね、昔の第何大区の第小区がいくつに別れましたという話があって、そのあと明治の大合併の時になって約50の村になる。これが今の大字ですね。大字であって当然小学校区です。淡路は過疎地域もありますが、小学校の統廃合があまり進まなくてすんだという状況があって、大字イコール小学校区というのがほぼ残ってます。

この淡路島の中は実際には1市2郡に別れているのですが、要するにこの淡路という地域の単位は区切っていったらどういうふうに切れますかというわけです。

要するに、この人達は自分のコミュニティの区切りをどういうふうに思ってるかです。

簡単に言うと、淡路の人に「ニューヨーク」で会ってどこから来たかと尋ねると、「日本」と言うわけですね。東京で会った時には「兵庫」ですというか「淡路」ですというか、こういう時は「淡路」ですというふうにいうわけですね。要するにアイデンティティをどこに感じているか、日本国籍をもつという前提で話をしますが、日本人であって兵庫県民ではなくて淡路島民であって、問題はその次です。どうもこれなんですね。これが昔の地名である大字の名前が出てくる。いまの町名ではなく、昭和の大合併の前の旧町名の方です。なんやけったいなと思うんですけどね。どうも1市10町というのは財布の単位といいますか、行政の単位であるけれどもコミュニティの単位ではどうもないらしい。あそこは良くも悪くも町内会の強いところで、そんなコミュニティのしがらみによって税金を集めているというところもあります。

財政学者といっても学校で勉強したぐらいでは納税組合なんて知らないわけですよ。淡路島で最初に納税組合のことを知ったときには驚きました。全納前納の還付金なんていうのは憲法違反という判例もありますが、日本の町村は憲法を越えているところがあったりもする。コミュニティは憲法以前にできてるんですからね。

よくあるでしょう、国道をおばあちゃんが横切っていると、危ないやないかと言うと、あれはな、おばあちゃんが毎朝横切って畑へ行くところへ道が通ったんだから、おばあちゃんの方が国道より優先権があるねんから、おばあちゃんが通るのを止めたらいかんという話がありますね。

日本の町村は憲法以前にありますからね、北海道はちょっとまた歴史系譜が違いますから別かも分かりませんがね。まあ淡路なんていうところは考えた時に、この50の村がコミュニティの単位であって、その下に町内会があって、祭りは町内会でやっているんだと、淡路には「だんじり」という大きい御輿、上はこの天井までは行きませんがうんと高いやつですね。だんじりが100何個あるんですね。50の旧村のところにもっと細かい単位で町内会があって町内会単位では200とか300とかありますからね。その中で実際に動くだんじりは70ぐらいしかないそうですが。

青年団はもうないですが祭礼団があって、消防団があってコミュニティがあるわけですね。そうこうしているうちに阪神淡路大震災で淡路の消防団が全国的に有名になったと、神戸には消防団は実はあったんだけれども実態は水防団で消火活動は全くやってなかったために、地域防災力の違いが全く違うという現状があからさまになったというところが僕の消防団研究というのの一つのきっかけになってます。消防団というのは制度と歴史と現実の狭間に辛うじて引っ掛かっているというようなもんでしてね、潰すには勿体ないけど何か下手にいじったら潰れるという感じなんですね。

要するに消防団のモチベーションを維持しながら近代化していくというのは物凄く難しいです。制度をいじった途端に駄目になりそうな感じがするんですよ。

要するに、淡路なんていうのを勉強すると、1市10町なんていうのはかりそめの姿で、旧村の方が実態としてあって淡路があると見えるわけですよ。そうするとこのコミュニティというか、地域アイデンティティに正直に行政区画を定めていくとすれば、非常に自然な発想として淡路1市16万人を一つの市にした上で、50の小自治体の連合体であると自治組織をデザインしたくなります。そうすることによって淡路の島民全体の共通の基盤を形成していくベースにしようと、要するに行政区画を心の中の自治意識に合わせて引き直しましょうという話になるわけです。これは淡路島民にはすごく分かりやすいわけです。ただ、今の特例法も地域審議会なんていうちょっとなんともいえんような制度がありますから、これを使えばやれないことはないとは言いながら地域審議会というものの、要は内規を、運用規定を最初に決めておかないと、淡路1市はできるけど50のコミュニティはないがしろにされるというふうになりますね。

でもこれはどう見たって淡路島民としての一つのロマンとしてやはりあるわけです。まちづくりに思いを持っている人ほどこの熱いシナリオに乗ろう、しかしそこに夢はあるけれども現実の制度としておさえていくにはだいぶステップがかかるけれども、やはりこれは情熱を傾けるにふさわしいテーマであるという感じなんです。これが「まちづくりとしての合併」というものの一つの典型です。人々の思いがあって生活実態があって、それに合わせてまちづくりのテーマというのがあって、それを現実化させていく上での理想の体制というものを地方自治制度の組み替えをしながら大胆に追及していきましょうと。これがまちづくりとしての合併というわけです。これは美しき世界です。

十七年三月までにまちづくりを完成しなければいけないなんていうことはあり得ない。つまりまちづくりというのは完成形というのはないわけです。

だからまちづくりというのもそういう意味では劣化させないようにずっと持続的に活動してい

く。十七年三月がゴールで、そこで完成したらあとは知りませんという話ではない。これは正論です。だからシンポジウムなんかで、まちづくり、地域振興が先である、合併はそのあとであると言われる。そんなこと当たり前。しかし、十七年三月という期限の中で合併するかどうかというのは、現実問題として判断しなければなりません。そのときの基準は得か損かという話です。

この得か損かという判断をまちづくりという観点も踏まえながら、現実の政治体制の中でしたたかに運用していくべきです。「ここはもう見送るんだ」というふうに、勇気を持って言えるんだったら、それでOKです。「これは絶好球に見えるけれども打ったら内野ゴロになる、だから打たへん」。構いませんよ、構いません。でも、そんな確信ある人どれだけいるか、思い込みが強いかどっちやかと思いますよ。そんな簡単に言えないと思います。

わがまちで合併したところで、特例債をどう使うかという利権の話だけになって、まちづくりにはマイナスにしかならない、ということは十分ありえます、だから合併はしないんだと言いきれる人はよほどの覚悟です。立派なものです。

本当のところ本音ベースで、現状を住民も議員も首長も、全員理解した上でこの絶好球は見逃すというのであれば、よほど見事な自治をやっておられると言えます。

ふつうは、特例債を上手につかって、合併してよかったと思えるようにしよう、というのではありませんか。どうしても守るべき自治があるというなら別ですが。

4　将来を見通すポイント

政治のリーダーシップ

やはり将来どうなるかというのを見通さないといけない。見通す時に見取り図といいますか考え方のポイントがあるわけです。

地方自治はいま揺さぶられている。揺さぶっているのは誰か。「国」という言い方をしますと、「与党」と「総務省」の区別がつかなくなるんです。「国」という言い方はあまりよろしくないですね。「与党」か「総務省」か、つまりこの対立の構造とか緊張関係の中で政策が出てきているというところを読まないと、この先どうなるか見えないと思います。

今交付税を削りたがっているのも、自治体の数を減らしたがっているのも、期限を切っているのも、与党ですよ。旧自治省としては交付税を減らすとか、強制まがいの合併を進めるなんていうのは、あの省のマインドとしては持ちません。できるという方おられましたら、それは見方の違いです。僕はそういうのは基本的にあの省としてはないと思います。

ただ今は自民党が先を走ってますから、総務省が走ってなかったら裏切り者だとしてコテンパンにやられます。

政治がリーダーシップをとっていて、総務省も合併や交付税カットに追い込まれるというのがありますので、その政治に対して総務省としては過去から総務省が言ってきたところを逸脱しかかりながらも、なんとかついていってるというのが現状です。そういうふうに見るべきだと思います。

合併期限を切ったのは「政治」

合併に期限をはっきり切ったのは政治です。なんでかと言ったらそれは自民党が、政権党が、政権党というのは、自民党というのはレーゾンデートルは政権党であるということであって、政権党であり続けるために何をすべきかというのが基本的な発想の原理になっているわけですね。

自民党が本気で合併推進に転じたのは平成十二年の衆議院選挙で都市部でまったく票が取れず、一区現象なんて言われたときからだと思います。あの選挙の後、時の実力者であって幹事長の野中さんが、突然、交付税は配りすぎで、全国の市町村は1000でいいという意味のことを講演で話した。野中さんは京都府園部町で町長までしていて、地方行政に通じた人ですから、小規模町村にとって交付税カットや合併がどれだけ辛いか、わかり切っている。その人が、自民党の実力者として合併推進を選挙の後で言ったことで、流れが決まった。それに総務省が敏感に反応しているという構図です。

自民党が市町村合併をすると言いましたが、野党はもっと前から合併推進です。実際は自民党というのは野党の政策を三年遅れて実施する、そのことによって政権を維持してきたという見方があります。それはあらゆる野党、もちろん共産党は除きますが、共産党以外の国会で多くの議席を持っている政党は、市町村合併には基本的に推進の立場です。だから自民党の総務会がそういう雰囲気を受けて市町村合併やれやれという話になってきているというわけですね。

期限を切ってきているというものに対して、みえみえの絶好球を打つか打たないかです。

一番いけないのは「こんなもの筋が通らない」といっている間に、期限が切れてしまうという場合です。合併についていまの時期に判断しないと首長として背信行為になりませんかね。首長としてやるべき仕事がそこにあるというふうにお考えいただければありがたい。

空虚な楽観主義が日本を滅ぼす

あんたの話には夢がない、現状の話ばかりで、町村合併がもっと夢のあるようなことならば、それは明日からでも住民に説いて回ると、あんたの話には夢がない、そんな夢がない話にはのれんと議員の先生に言われたことがあります。

これは面白い話ですよ。日本はもう衰退・崩壊するという見方は最近増えてきました。なぜ衰退するか、今の話がもうそのままですわ。夢のある話以外は役所や政治家は住民に対して言ってはいかんというわけでしょ。

夢のある話以外はできんというわけです。空虚なる楽観主義みたいなものが覆った時に、その組織は衰退し滅びるのは歴史の理であると思うと、ぞっとしますね。

それは役所の問題なのか住民の問題なのか。

例えば土地開発公社の含み損を毎年年度末に議会に報告しなさいと言ったとする。報告するのが当然ですよね、でもできませんわ。そんなことできる首長がおったら見たいですわ。やっているところはよほどガバナンスのあるところです。日本の世の中では、夢のない話はしてはいけないというわけです。役所が買った土地は値下がりしてはいかんというわけです。市町村合併も夢ないですな。合併をやるとワールドカップのサッカー場が誘致できますとか、夢ある話をする人がいたら逆に信用できません。そういう部分もあるけれども影の部分もあるわけですからね。

市町村合併は夢なんかない。夢じゃなくて現実だと思いますよ。けれども役所で住民に対して夢のない話はできへん、夢は家で嫁はんの前で言いなはれ。だいたい嫁はんの前で夢をよう言わん奴が役所で夢言うとんやと。

だからその身内の前で言えないようなことしか政治で言わんというような世の中ですよ、今ね。だけど市町村合併というのはやはり首長さん、議員さんがここは現実の話として、少なくとも住民に対して投げ掛けてほしいと思うわけですね。

5　行政合併はなんのためにするのでしょうか

小規模自治体には合併が必要

行政合併はなんのためにするのでしょうか。財政の話は合併とは関係がないと思います。市町村合併というのは役所の統合である。もっと言うと市町村合併が必要なのは小規模自治体であり、小規模自治体におけるスタッフの充実、行政職員の職員数の充実であるということにもう尽きると思います。

これは自治体によって差がありますから、あくまで平均の話ですが、小規模自治体の場合、特に５０００人切ってきますと、実際に自治法上とか現実的にやらなければならない仕事のボリュームに対して、職員の数があまりにも不足しているという現実があると思います。だから特定の分野に関しては、政策立案能力はあるけれども、自治体として目配りをしなければいけないあらゆる分野に関して目配りは十分にできないという現実があると思いますね。平均すれば、ほとんど当てはまっていると思います。

これは一般の人は分かり難いですが、要するに一般市と町村だと、若干、権能は違います。生活保護抜けますね、障害者福祉が抜ける、若干県によって違いはあるみたいですが、まあ一般市の仕事が１００種類とすれば町村は９０種類か９５あるかもしれない。もちろん人口によって一つの仕事は人口が多ければ人口倍だけ仕事が増える、福祉関係はそうですね。措置の人数が増えれば、仕事が措置の対象の分だけ増えるけれども事務処理部門は実は一緒ですから、そうでもないですね。だから滞納者が増えればその分だけ滞納徴収に時間が掛かるけれども、賦課決定の部分は人数比例であるとは言えません。

あるいは法定外目的税を作る事務は人数と関係がないかもしれません。しかし法定外目的税を施行して不正がないように見張ると言ったら又同じことがあるかも分かりません。企画立案の部分に関しては人口比例の部分はあまりないですね。人口１０万人の総合計画を作る時の仕事の量と、1万人だと10分の1ですというのは有り得ないですね。

総合計画をそれこそ人口5000人ぐらいのところで本当に作ったら楽しいと思いますよ。住民一人一人のニーズから行けるかも分かりませんけれどもね。でも無理です。余裕ないと思いますよ。国や道庁から来る調査ものに記入するだけで日が暮れる。支庁に出張して帰ってきたらだいたい半日仕事です。それが月に10回あるとかですね。

そういう実態も京都府で調べてもらいましたが、人口5000人の町で一人の行政職員が京都府庁の幾つの課と関係があるかといったら、最多で10課と関係がある人がいましてね、ということは10課から調査ものがくるんですよね。同じようなものばっかりバラバラに来ます。

昔は郵便で、催促の電話があってから書いたら良かったんですが、最近はあきませんからね。ファックスで下さいとかね、誰がファックスなんか発明したんかと思いながらですね、書くわけですね。いい加減に書いたらすぐに見つけられる、何でこんな細かいところ見つけるかなというようなことを見つけて怒られるわけですね。

要するに市町村というのは小規模自治体ほど権能が小さいという構造になっておれば、それはそれなりに回るわけですよ。小規模自治体ほど権能が小さい、権能が小さいだけだと住民が困るので、それはどこか別のところが肩代わりしたらええやないかと、これいわゆる道内でささやかれている二級自治体という奴です。いや二級町村です。権能が小さいところほどやっている仕事も小さいというのは、ある意味で現実対応かもしれません。ただ、北海道で昔やっていた二級自治体は、権能が小さいというわけではなかったんですが。

どんな小規模自治体も「行政力」は同じという「戦後的思想」

ただ戦後民主主義といいますか、戦後的思想にはやはりあらがいきれないものがありまして、戦後的思想はどのような小規模な自治体であっても、基礎自治体として市が100に対して町村は90ですが、ある一定の権能はやはり担う。相当な部分の権能は基礎自治体が担う。これは戦後の地方自治の大原則ですよ。

私らが大学院に入って最初に読んだのがシャウプ勧告です。日本語もあるけれども英語で読みましょうと、泣きながら英語で読むわけです。そうやって英語の力もつくんで読む。シャウプ勧告にどう書いてあるか。民主主義は地方自治とセットものであって、地方自治を強化するためには基礎自治体が大きな仕事をするのが一つの理念であるとシャウプ勧告には高らかに謳われている。その理想はやはり若者のハートを打つ何か強いものがあるわけです。

「なるほど」。

日本は小規模自治体といえども課税権があって、形式的には独自条例を作って、独自に政策立案をし、財源も持っているということになっているわけです。しかし、独自条例作ってませんよね。作れません。

何で作れないか。法律を作るのは法律を読むよりももっと難しいからです。当たり前のことですね。弁護士さんというのは法律を読んで運用する側ですが、作るのは又別の話ですからね。作るのはもっと難しいです。

国の役人は法律を作るわけです。国の役人は課長補佐として何をやるかというと、一所懸命法律を作ってです、課長に怒られたり、局議でもまれたり、内閣法制局に持って行ったらずたずたにされたり、プライドをずたずたにされるわけですね。そうしながら作って行くから「俺が作った法律や」という思い入れがあって、それが又マイナスにもなるんですが。

道の役人はその法律を読む。市町村の役人は小規模自治体の場合、仕事熱心な人は読んでいる人もいますよ。特に小規模自治体には一人二人そういう人が絶対にいます。人間の組織ってそんなもんです。どんな弱いチームでもいい選手は一人二人はいる。ものすごい勉強して、情熱傾けている人はいますが、普通の職員ならば、その人が持っている仕事の密度からいえば、仕事の基になる法律をよく勉強して仕事をしているというのは現実的ではないと思います。特に小規模自治体は。

独自条例を作ろうと思ったら関連法律を全部読まなきゃいかんわけでしょう、読んだ上で法律用語で間を埋めないといかんわけでしょう。それは難しいですよ。

三重県がこの間産廃税を成立させました。三重県は気のきいた自治体でして、参議院法制局に人を出して、法律を作る実務の勉強をしているんです。それでも産廃税条例を見よう見まねで書くのは大変だった。国に相当助けてもらったという話です。

独自条例を作るというのは、本当にものすごく難しいですよ。

分権改革で道は町村を事細かに指導してはいけないことになりました。「自分で判断せい」と言うわけです。

分権時代に基礎自治体として本当にすべきことをやろうと思ったら、役所組織として一定以上のスタッフが必要と言うと怒られるんです。なまじ識者というのは怒るんです、「小規模自治体を愚弄する」とか言って。愚弄してへんて。現実にそこで働いている人が思っている気持ちやて。

調査ものなんかだけで日が暮れるという現実の方を見ると、やはりできる合併ならした方がいいという気になります。日本は戦後市町村中心の自治を展開してきて、この自治をまもらなければならない。それは結構だけど現実に自治の現場の状態は相当悪い。人口10万人だと、一般行政職員が600人から700人。つまり600人、700人のところは法律を読みこなし、独自条例が作れるかと言ったら、逆は真ならず。要するに700人にしたら独自条例ができるなんていうことは現実に見たら嘘です。それはその気になってへんだけですね。その気になる必要がないからですね。その気になったら道庁から見たらうっとおしいわけですよ。独自条例を作りますよなんていうのは道から見たら嫌ですよ。それは統治の構造ですから。でも分権時代にはそれをやらなければならない。

基礎的自治体としての文句のない規模は「10万人」

分権改革の法律は去年の四月一日に通ってます。どう理解されますか。

国、都道府県、市町村は対等の立場で法律解釈を巡って係争する、ということになりました。法律作っている人と、読んでいる人と、読んでない人とで対等の立場でというのはちょっと無理でしょう。

だから分権改革というのは極めて正義ですけど、実態を飛び越えて「現実よ後からついてこい」

という投げ方をされたと思います。その投げ方が正しかったかどうかは別ですが、一応持って行くことがやはり当面の正義だと思いますけどね。

合併の目的は行政能力の強化だと思います。

逆は真ならずです。政令市ぐらいになったらやはりだいぶ肌触り違います。プライドもありますから。札幌市がそうですね。それに対して小規模自治体は辛いと思います。要するに、一応総務省の書いているのは10万人がベースで、そこから上は「やりたければどうぞ」です。

それは私冒頭で言いましたが、宝塚や川西・伊丹は合併の必然性はありません。だけど猪名川町は3万人ちょっとですから必然性あると思いますよと言った一つの根拠はそこです。10万人の規模があれば規模については文句は言えない。今いるスタッフを強化していくことです。3万人の町は合併の選択に迫られる。

10万人は希望の上限ですから、それ以下でも合併はできるならすべきでしょう。ただ面積が大きすぎると、それも難しい。時間距離で一時間、北海道なら、市街地間で40キロメートルというところでしょうか。地形にもよりますが、山脈とかをぬいて平地面積500平方キロメートル程度の条件で、そして人口が合計で1、2万人ならば合併をチャレンジできるでしょう。

全然当てはまらないところもある。でも当てはまるところもたくさんある。合併が無理なら二級町村でもいい。権能と規模のギャップがなくなればいいのですから。

目指すべきことは基本的に行政能力の強化ですが、住民に地域としての一体感がないところで無理に合併してもいけません。北海道庁のつくった要綱の組合せの中で無理なものもあるでしょうし、現実的なものもある。また要綱には当然ないが、飛地でも合併するという場合はした方がいいと思いますよ。

市街地が比較的つながっているところで、市町村が一本の道路でくしざしされていて、そのまん中が合併したくないといったら、移動距離が短いのなら、飛び地合併もいいじゃないですか。やはり市町村合併というのは非常にリスクを負いながらやっていくものですから、難破しかかっている船から出てボートに乗るか、この船で頑張って嵐が静まるのを待つかということにいわば同じで、どっちがいいかと言われても、そんなもん分らへんわけですよ。だから全員ボートに乗らなければいけないというわけでもないです。「俺はいく、お前は残る」と言った時に、どう言うかといったら、命あらばまた会おうぜというようなもんですよ。それが飛地でも合併という意味です。

隣が合併せえへんと言うけれども隣の隣とは合併すると、それでもありやということをやるぞと、恨みっこなしやぞということなんやというふうに首長さん、議員さん、住民もできればですね、そういうことやなというふうに分っていただいたらもうあとは別に各自治体の数が幾つにならなければならないなんていうことは有り得ないんですからね。

権能を維持するために必要な規模

そこで何か、そうすることによって、自治体の数自体を政策目標にするなんていうことはもう全然センスの悪い話です。まあ行政能力を備えるためには、ある程度の規模がいる。この規模はやはり市町村の権能を維持するためにいるのです。

昭和の大合併で最低人口を８０００人としています。その時代に比べて市町村の仕事ははるかに増えたのに、８０００人よりも過疎化しているところがたくさんあります。人口１万人未満の市町村は数でいえば約半分です。北海道にもたくさんありますという中で、合併したらどうかと思うような蓋然性を備えたところも多い。ただ人口や面積だけで合併できるわけではない。合併してお互いが悪口を言い合うほど住民感情がこじれているんやったら、合併したらあかんですね。

住民感情がこじれまくり、合併したらどうなるか、最初の合併した新市の議会で新年度予算案が出てきました。議員さんが「こんなもんでお前審議できるか、これはお前一本やないか、合併前の町村ごとの内訳出さんかい」と言ったらもうその合併は失敗です。そんなところ合併できへんです。俺の金、お前の金言ったらですね。

市町村合併というテーマは「あなたの首とりますよ」という話ですよね。そして夢のない話でもあるし、だけど本当にそれをやったところはそれなりの見返りというか、やったということに対する誇りも感じているというようなところもあるということなもんですからね。篠山市にはいろんなところから視察に来ます。だんだん視察慣れしてくる。やはり視察を受ける方の側からすればどういう質問がくるかということにものすごく反応するんですね。

要するに市町村合併のコアの部分にぐっと触れるような質問をしてこられると、視察受ける側も幾らでも話そうという気になりますが、非常に下らない質問がくるとすごく嫌だというんです。あるいは「時間ありませんから資料だけ下さい」とか言われると、やはりムッと来る気分になるんですよね。

この間も聞いた話ですが、議員さんが議員任期のことばかりを繰り返し聞くので、最後に思わず怒ってしまった。合併とはそういう問題ではないと。怒って大人気ないことした。しかし、合併というのは我が身の話だけではないはずですと言うてはりました。

6　市町村合併に伴う「財政問題」

交付税の減額

財政の話にいきます。まず一つは交付税を減額するという話があります。与党が市町村合併をしたいというのと交付税を減額するというのとは実は同じ政権維持というところに関わる問題です。

総務省が交付税運用に失敗したわけです。失敗して交付税特別会計に平成十三年度末で４２兆円の赤字を抱えようとしています。景気の回復をにらんで赤字を積み上げていったけれども、景気はどうも回復しないわけですから、失敗は失敗ですよね。

この42兆円を平成十五年度からは交付税後税の収入の中で返していかなくてはいけないと、どれぐらい返さないかんかという金額ももう決まっているというわけですね。十五年度から幾らづつ返していくかというのはもう数字も出ているわけですね。交付税率を引き上げない限りは交付税財源が不足する中で借金を返済するというスキームがでていると。そういう意味で交付税をどうするかという問題は自治財政局にとっては極めて深刻な問題ですね。

総務省は交付税で失敗したのでその穴埋めを市町村合併という形で人に失敗の後始末をさせようとしているというシナリオがあるわけですね。このシナリオは間違っていますと私は明言したいと思います。

これをいうと「嘘つけ」と怒られたりするんですね。仕様がない、それはなぜかというと、やはり現実を見ようとしないで思い込みで議論をする人というのは世の中にいますから。

これから国がどういう政策を運用、どういう方向で政策をしていくかという時に、役所というものの本来の性癖といいますか、そういうのをやはり知らないといけません。総務省の中で税務局という局がありますが、あれは一種の技術職集団みたいなもんでして、それほど政策志向を持ったところではありませんが、自治行政局と自治財政局はもう明らかに政策志向がある。

自治行政局というのは内務省、自治財政局というのは地方財政委員会の流れで、これはある意味で相対立するもんなんですよ、違う方向なんです。つまりコントロールする側とやはり支援する側ですね。この緊張関係みたいなものが、旧自治省というもののマインドですよ。省議を経て出てきた時には、或る意味できれいに整理された形で出てきますが、しかし局の中の政策というのは相互不可侵であって、交付税の問題を財政局の失政を行政局が穴埋めするなんていうことは有り得ないんですよ。現実にないと思いますね。そういうマインドはないと思います。あるかないかというのはやはりその行政局や財政局でどういう議論を日常しているかというのを見ないといけません。

交付税と合併は無関係

交付税は合併とは関係なく、減額せざるを得ない。なぜか、毎年度、少なくとも単年度の赤字は無くさないといけないからですよ。交付税率を引き上げるか地方財政計画の歳出面を減らすかですね。地方財政計画の歳出面を減らすということは、これは財政構造改革をもう一回やるということです。昔でいうと第二次臨調というのがありましたよね。それをやはりやった方がいいんですよ。もちろん住民には皺寄せがいきます。不交付団体にはいかないかもしれないけれども、交付団体には全部いきます。それはいかざるを得ない。

それを地方税で埋めろという話があります。地方税で埋めるのはいいんですけど、地方税の埋め方が問題なんですよ。変な埋め方をしたら結局は東京都と豊田市だけが得する。つまり典型的な不交付団体だけが得して、北海道なんてのは大損するということになりますからね、交付税を税で振り替えろという議論は危ない議論です。

北海道は国税収入も全部地方税にしたって今のサービス水準は保てないんですから。国税収入をゼロにして、つまりもう国税も地方税だというふうにして交付税と補助金がなかったら、もうネットでマイナスなんですから、その現実がある中で地方税に振り替えろという議論は危険ですね。振りかえではなく地方税だけを増税するならまだいい、だけど税負担が増えたらやはり国民は怒る。そうすると結局今借金で嵩上げしてますから、借金で嵩上げしているというのは、本来は味わえないような生活水準を、交付団体に対して保障しているわけですから、それをあきらめざるを得ないという問題です。ものすごい痛みですね。この問題は合併とは実は関係がないんですよ。交付税の収支ギャップは、サービス水準を下げる以外には解消できない。そうすると合併してもしなくてもサービスは落ちます。交付税を減額するときには本来的には基準財政需要額を下げる。それは公共事業でいうと5か年計画を引っ込めるということですし、福祉でいうとそれは今措置するということに関していろいろ条件をつけて、サービスを落としていくということになりますね。交付税特会の単年度で8兆円の赤字というのは伊達な金額ではありませんからね。21兆円の交付税が8兆円の赤字で支えられているという、本当に日本は今危機的な状況ですよ。これを税に振り替えるなんていうのは、要するに、ためにする議論だと思いますね。

合併による特例債は10年のみ

交付税改革というのはそういう意味でどれぐらいサービスの低下に耐えられるか。増税かサービスの低下かという、この古くて新しい問題はどこまでもやらざるを得ない。結局、交付税の減額でサービスを下げるという話ですから、あらゆる交付団体は損します。合併するしないは関係ないです。

それはまあ合併すると特例債があるから公共事業が落ちた分だけ特例債で公共事業が出せる、それはあります。その分だけ延命策になる、それはあります。だけどそれは10年経ったら終わり。交付税の算定替えの特例も10年経ったら終わりです。交付税で保障されるサービス水準は合併してもしなくても落ちます。落とさざるを得ない。これはイデオロギーの問題ではなく予算制約の問題ですから。もちろん公共事業と福祉と教育の配分をどう変えるかという問題はありますよ。北海道の道民にとってはどういうふうに配分割合を変えていくことが痛みを柔げることになるのか、これはしかし難しい問題ですよ。本当に難しい問題ですよ。右肩あがり経済というのはそういう意味では何でもありでしたからね。だから交付税問題というのはそういう問題なんですね。合併なんかよりもはるかに厳しい問題なんですよ。

財政力指数0・9のところと財政力指数0・1のところでは財政力は全然違います。0・9が0・1と合併する時に、「あんな財政の悪いところと合併するのはいやや」というのは市民感情としては当然あります。しかし、0・9と0・1とどれぐらい違いますかね。

0・9ということは0・1交付税で埋めていることですし、0・1ということは0・9を交付税で埋めていることです。埋めた後は、地方税の留保分はあると言いながら、基本的には同じです。

交付税は財政力の違いがあっても同じサービスを保障する制度ですから、合併して財政が急に楽になるということにはならない。財政力の格差は本当は合併の障害にはなりにくい。

ただ起債制限比率の違いは関係があります。損得は出てきますね。これは、特例債の配分で調整するという方法しかないでしょうね。起債制限比率が高いところはハード事業を先行させているのですから、合併にあたっては少しがまんしてください、ということですね。

ただこういうむき出しの話を住民にした時に、俺の金お前の金という話になるので、さあどうするかという問題はあります。しかし、知恵を出せば財政状況のちがいは調整可能であるということです。基金があるとかないとかいう問題も、キチンと考えれば特例債の配分等で調整できます。やる気になればですね。

交付税の「段階補正」を切るという圧力

ただもう一つ財政の話があるんです。それも総務省が主導しているわけではなくて、与党ペースの話ですが、段階補正を切れというわけですよ。

段階補正を切るというのは、あれはなんとか止めさせたい。あれは辛いですなあ。段階補正を切るというのは羊を檻に追い込むという話に似てます。「段階補正を切れ」という圧力が党から交付税課長のところへどれだけいっているかというわけですよ。「切れいうのが政治の意思ならば切ります」と言って開き直っているらしいです。そうはいってもゼロにするわけではないですけどね。

段階補正を切るという話は相当な話です。要するに小規模自治体の単価の割増の部分を止める。そうすると実質的に小規模自治体だけの交付税が落ちます。段階補正を仮に全部やめても、交付税特会の赤字がなくなるわけではないですのにね。

だから交付税の話はやはり地方財政計画の歳出計画を落とすという話であって、「段階補正」の話はやはり抵抗した方がいいと思います。

その段階補正を止めるというのを今どういう言い方をするか。交付税の算定基準の簡素化と言うようです。この言い換えのセンスには耐えがたいものがあります。

簡素化というのは耐え難いですな。「補助金の簡素化」と「交付税の簡素化」はえらい違いますからね。補助金の交付手続きの簡素化と交付税の交付手続きの簡素化は、似て非なるものですからね。

段階補正とは小規模自治体に対して、交付税算定上の行政サービスの供給単価を割り増すものですが、小規模自治体ほど人口あたりの職員数が多いことを反映しています。これを切るということは、小規模自治体ほど職員定数を落とせということです。これは筋のいい議論ではない。

合併が必要なのは財政問題からではない。要するにどっちにしたって自治体は貧しくなるけれども、せめて知恵が出る自治体にせんかいということが合併の話です。自治体としてはそう受け止めた方がいいと思いますね。貧しいけれどもせめて知恵の出る自治体にするんやということだと思います。そのためには人は切ってはいけない。

7 自治体のガバナンスの実態

ニセコ町の方にちょっとあやまらなくてはいかんのです。自治体へ行って学ぶという国家公務員の研修があって、行く前と行った後で私が研修したんですね。要するに自治体というもののガバナンスの実態というのを説明してですね、自治体というのは総合計画があって、予算があって、決算、執行があって、監査委員がいて、監査して、そして最近では事業評価を入れているところもあり、発生主義をやっているところもあり、制度的にはすべてガバナンスされているというふうに見えるけれども、実態は違うと。総合計画というのはとんでもない水膨れの実態のないもので、予算とどう関係があるんですかといったら、まあ精神的に関係がありますという程度。予算はやはりそこで総合計画と関係が付けられていないし、当初予算と補正予算が全然内容が違って、当初予算であれだけエネルギー使ったけれども無駄でしたねえとかですね、監査委員というのは寝ててくれた方がいいというマインドがあったり。一番寝ててくれてほしいと行政側が思うのは議会なんですよね、議会は寝ててほしいわけですよね。だから形式民主主義は全部整ってるけれども、要するにそこで意思決定をして、住民に対して判断を仰ごうというような、そういうガバナンスは理念上はあっても実態としてはない。そして要するに日本の組織はコーポレートガバナンスという言葉があるように、企業においてもどうして日本の企業はこんなに駄目になったか、それはガバナンスがないからである。そして自治体においても形式民主主義はすべて整っていながらガバナンスがないと、その現実を見た上で国家組織におけるガバナンスのなさということに問題意識を持って帰ってきてくださいよと送り出したんですね。

ところが、その話を聞いた新採の国家公務員がニセコ町に行って、あの有名な町長に関学のなんとかいう先生が自治体はガバナンスないと言ってました、それを見にきましたと言ったというんですよ。

あの町長にお知り合いの方がいましたら、他意はなかったとお伝えいただきたいと思うわけです。僕は、例外的にあるところもあると言ってたんですが。ガバナンスの固まりみたいな町で、そんなことを言うとは、………失敗でした。先進的行革自治体にはガバナンスはあります。

ガバナンスのある三重県

三重県が典型だと思いますが、三重県は何をやっているか、事業評価をやっているし、発生主義もやってますがね、何をやっているかといったら向こうはやはり総合計画がまともですよ。総合計画と予算との関係がきちんとついてますよ。それと驚くなかれ、議会が予算を組む時の骨格のところから議会と合わせてコンセンスをはかっているんですよ。

県ですから二月議会をやってますが、二月議会にいきなり来年度の予算案が出てきて、さあ審議してください、修正案認めません。三重県はそんな審議はしてません。

要するに議会を含めてちゃんと審議した上でガバナンスを貫くというのをやっているんです。三重県がやっているのは発生主義でも何でもない、それは一つのパーツ、要するに意思決定をキチッとすることをめざしている、整合性のとれた意思決定をしようとしている。日本の役所も企業も大学も、なにかは決めてるけど誰がどこでどう決めたかよく分らん。

要するに、自治体にはガバナンスがない。いやあ、いろんな組織にもガバナンスがない。ソニーはものすごく元気がいいです。多分ガバナンスがあるんですよ。オリックスはある、あるんですよ。だからガバナンスのある企業、ガバナンスのある自治体、それはとてもいいけれども、ないところが大半で、それが日本の実情ですと言うわけですね。

自治体にとっての命は企画立案能力であって、それを生かすためにはガバナンスのある自治体でなければならない。私は合併したらそういう自治体になってほしいと思います。合併しなくてもなれるんやったらなったらいいと思いますが、さっき夢がないという話をしたんですがあるんですよ。自治体は本当にガバナンスをすれば総合計画と予算との関係は付けられるんですよ。付けると、予期しない財政変動や財政収入が減った時にどうするか、減った時にはこう減りましたと言って議会に報告したらいいんです。

それで議会が納得するか、地方議会に政策論が現実としてないという議論がよくありますが、それは、当然１００％理事者側の責任ですよ。議会側の責任ではないと思いますね。

それは住民の責任とも言えますが。しかし一義的には理事者側の責任でしょう。

やはりガバナンスのある自治体になってほしいと思いますね。それが夢です。地域振興なんていいますが振興というより信仰かもしれません、ガバナンスのできた自治体の方がはるかに夢がある、合併して目指すべきはそこだと思いますね。

市町村合併と住民投票

十七年三月という期限があるなかで合併をするかしないかという話は首長さん議員さんのレベルでまず判断しなくてはいけない。ただ首長・議員が決断すれば、住民は放っておいたらいいということは有り得ない。住民投票したってかまわない。

市町村合併という問題は住民投票に本来一番なじむと考えるべきだと思います。どうして馴染むか、要するに一部の政策に関する意思決定を積み上げていった時に、つまり、一つの自治体が意思決定すべき項目が１００あったとして、１００回住民投票していって、１００個の答えを繋ぎ合わせた時に整合性がとれるかといったらとれない可能性がありますね。つまり全体を見て決めなくてはいけない。それが議会制民主主義が本来果たしている役割です。住民に対して一部の政策選択を問うときには、本当はそういう意味では非常に注意が必要ですよ。だから住民投票の選択肢の設定が非常にやはり難しいですね。

その一つだけ決めることで全体の整合性がとれるような選択肢の設定をせざるを得ないからですね。

ところが合併というのは、全体の問題ですから、住民投票に本来馴染む。ただなんにも情報がない中で合併に関する選択はできないと思いますよ。

合併するとどうなって、しないときとどうちがうかを法定協議会か任意協議会でしっかりと考えてもらって新しい自治体の姿というものを明らかにした段階でキチッと住民に意思決定してもらう。もっとも、篠山市は住民投票していない。その代わりに説明会をていねいにやったと聞いています。町内会ごとの説明会を細かくしたようです。

西東京市は住民投票をしました。何でか。あそこも地区説明会をしているんですがやはり東京都心に通勤している人は出てこないわけです。住民説明会で一応説明しきったというふうにはならないから住民投票をしましたわけです。

とにかく住民が意思表明する、アンケートでも投票でも、説明会でもいいですけども、そこまではやはり議員さん、首長さんの責任やと思いますけどね。

本当のところは、合併しないところは、議員さん首長さんが「合併問題を考えて、せん方がえというふうに決断した」と説明会に回ってほしいぐらいです。

要するに「どうみたって魂胆は見えているけど絶好球は来た、この絶好球をわしは打たんのや、勇気をもって見逃すんや」というんですから、見逃すという説明を本当はせなあかんぐらいやと思います。それぐらいの政治責任があると思います。

もっとも、あるということと「実際そうしなければいけない」ということとは違いますが。

だから住民は絶対にないがしろにできないと思います。僕が一番いやなのは、住民を盾に取って住民の後ろに隠れる人です。「住民から声が上がっていないから合併の検討は時期尚早や」と。この問題について住民の中ですごい熱心な人がいるとしてもやはり少数です。住民主導の合併という形はとりにくい。でも住民投票も含めて住民が関与するということは当然あると思いますという話です。

8　「合併問題」の9割9分は「実務問題」

合併とは役所の統合であるというふうに申しましたが、合併協議のときに一番困るのは、前例踏襲主義の役所に、合併という事務についての「前例」がないことです。

首長が運営協議会立ち上げるぞと言いました。担当お前やと言いました。5団体で合併協議会を作ります。各団体から二人づつ、10人で合併協議会の事務局ができました。その10人で議会運営、議事運営をせなあかんですね。おい、合併協議って何を協議せなあかんねん。知らんわけです。役所は前例主義ですからね、これだけは前例がないです。昔、合併協議を経験した人が、首長では時々いますけどね。そこで先行事例の篠山へ行くわけです。西東京へ行く。潮来へ行くわけですね。

そこで、合併関係の文章を山のようにコピーさせてもらって、それを解読する。つまり、合併という事務の勉強に半年かかる。総務省で、合併協議会運用マニュアルを作ったのはその手間を省くためです。私が言いたいことは要するに合併というのは9割5分かひょっとしたら9割9分まで実務なんですよ。

大変なのは仕事の調整

合併が一番いやなのは職員である。それは同じ仕事にしても、自治体が違えばやり方が違うんで、やり方が違うとやはりそれをどこかに合わせていかなあかんと、それが苦痛であるというわけです。

つまり役所の中の仕事を調整するというのは大変ですよね。キチッと調整したら住民には皺寄せいかへんですよ。もちろん水道料金とか町内会に対する補助金をどうするかとか、それはまあしんどいですよ。この際泣いてもらおうかということもあるわけですよ。

今日はほんまの話しします。サービスは上に合わせて料金は下に合わせるというのは、ずっとは無理です。10市町村で合併すると、極端にいうと水道料金なんか取ってないに等しいというところが一つぐらい出てくる可能性があるんですよ。

あきる野市は合併後5年で公共料金を上げたと聞きました、上げざるを得ない。サービスは上に、料金は下に合わせて5年間頑張ったけれども、財政的にはしんどかったようです。

それを合併すると公共料金が上がるという話と解釈すべきかどうか。ただサービスは上に、負担は下にというのは限界があります。

実務としては調整ができない部分

合併問題というのは要するに誰も知らないだけに怖いんですよ。役所の統合であって9割5分までは実務であって、時間をかければ調整可能であって、職員としては辛いけれどもそれを一つの仕事というふうにちゃんと位置付けてくれれば、その仕事だって生きがいを感じないわけではないというのが実例だと思います。

ところが事務的な調整でない部分というのがある。「基本5項目」というのは、篠山市で出てきた言葉ですね。

要するに事務的に調整できない5項目があるというわけです。

それは、①名前、②役場の位置、③時期、④手法、⑤財産。この5つです。

①名前

名前はもうどうしようもないです、これは難しい。西東京市は僕の趣味ではないです。機能的すぎてですね。あきる野市は「あきる野神社」というのがあったそうです。名前は大事ですね。やはり名は体を表す。

名前にはやはりまちづくりへの思いが託されてないとだめですからね。自分の子どもにも思いを込めて名前を付けますわね、その名前はやはり最大の政治ですわ。要するにある意味では本当の利害はないけれども新市としてその自治体の中で調整可能かどうかそいう一つの試金石ですから。名前というのは要するにどうあるべきかという答えがないですよ。財政だったら税金安い方がいいとかね、サービスは高い方がいいとか答えがありますが、名前なんてどうしたらいいか誰にも分らないところで、それなりの決着がつけるか、これが付けられへんようやったら、まあその自治体は合併して重要問題が出てきた時に、結局誰もよう決めへん、つまりガバナンスのない自治体になるということですからね、そういう意味でこの名前はそれこそ住民投票でもして決めるべきことです。

②位置

位置とは新市の役所の場所のことです。旧の役場は基本的には残すと、やはりそれは何年間は少なくとも30年とか残すんですね。残すということを明言しておさまればいいけれども、新しいところに建てるとかね、この話も難しい話です。それは誰だって自分のところに本庁がきてほしいですからね。旧の役場が残ったとしても本庁を自分のところにほしいじゃないですか。やはりそこを中心に市街地が形成される可能性が割に高いです。どこに土地を持っているかでえらい損得ありますね。だから位置は難しいですよ。だけど誰が考えてもここしかないというような地形のところはありますからね、うまく調整できるか、これも難しい話ですね。

③時期

時期は今の場合十七年三月ですからはっきりしてますが、選挙絡みがあって本来は難しいとされています。ただ今はもう十七年三月とはっきりしてますから、そういう意味ではもう否応なしですは。これはだからあまり懸念がない。

④手法

手法、これは「編入合併」か「新設合併」かですね。普通は「新設合併」ですね。合併協議をスムーズにする時には基本的には新設合併というスタンスでやらないとおさまらないと思いますね。多少人口差があってもですね。

⑤財産

財産というのは財産区を作るか作らないかですね。僕は財産区を別に作って合意できるならそれでいいと思うんですけどね。村有林を村民として守っていくという話がありますでしょ。原則作らない方がいいと言われますけどね、作ったらええんちゃうかと思います。一般住民にとってはあまり大きな問題ではないと思うからです。

市町村合併のデメリット

最後にもう一言だけ申し上げて終わろうと思うんです。ただ合併に一番影響があるのは役所の仕事を請け負っている業者さんです。これはやはり合併にとってマイナスです。それから10年経ったら交付税を減額しますから、その時には職員の数も減らさざるを得ません。もちろん首は切りません。そのための特例法でもありますから。採用を調整します。採用を調整するということは若い人間が取ってもらえへんということだろ、その分雇用が減るということやな、という声が当然あがります。そうです、それはそうですよ。

採用枠が減るという意味ではデメリットはあります。

だけど知恵の出る自治体にした方がいいし、できればガバナンスのとれた自治体にしてほしいと思うわけですし、今と将来とのバランスの中でやはりこれは正面突破でやるという方向で、市町村合併をするということで現状を打開していこうと思うところは合併したらよいと思います。「日本全体のことはわしゃ知らん、誰かがなんとかしたらええやないか」と、そうやって開き直る政治姿勢をよしとするところは、合併なんかできません。

それは「国民たる私」よりも「地域住民たる私」の方が大事で、今と将来のバランスなんていう問題は俺が考えるべきことではない、という姿勢はやはり好ましくありません。もちろん、あらゆる人がそういう発想をしているわけではない。それはまあ最近のちょっと妙だけれども政治的な地殻変動になっていると思うわけです。総論はここまでですね。あとは各論ですね。隣接する自治体との間で、信頼関係が築けて、合併して様々な利害対立が起きても、努力すれば落とし所のある答えを見つけることができるかどうか。できないと思うのならば合併はすべきでない。できるというならば、合併は十分にチャレンジに値する仕事だと思います。

（本稿は、二〇〇一年七月十四日、北海道大学工学研究科・工学部「B21大講義室」で開催された地方自治土曜講座での講義記録に一部補筆したものです。）

刊行のことば

「時代の転換期には学習熱が大いに高まる」といわれています。今から百年前、自由民権運動の時代、福島県の石陽館など全国各地にいわゆる学習結社がつくられ、国会開設運動へと向かう時代の大きな流れを形成しました。学習を通じて若者が既成のものの考え方やパラダイムを疑い、革新することで時代の転換が進んだのです。

そして今、全国各地の地域、自治体で、心の奥深いところから、何か勉強しなければならない、勉強する必要があるという意識が高まってきています。

北海道の百八十の町村、過疎が非常に進行していく町村の方々が、とかく絶望的になりがちな中で、自分たちの未来を見据えて、自分たちの町をどうつくり上げていくかを学ぼうと、この「地方自治土曜講座」を企画いたしました。

この講座は、当初の予想を大幅に超える三百数十名の自治体職員等が参加するという、学習への熱気の中で開かれています。この企画が自治体職員の心にこだまし、これだけの参加になった。これは、事件ではないか、時代の大きな改革の兆しが現実となりはじめた象徴的な出来事ではないかと思われます。

現在の日本国憲法は、自治体をローカル・ガバメントと規定しています。しかし、この五十年間、明治の時代と同じように行政システムや財政の流れは、中央に権力、権限を集中し、都道府県を通じて地方を支配、指導するという流れが続いておりました。まさに「憲法は変われど、行政の流れ変わらず」でした。しかし、今、時代は大きく転換しつつあります。そして時代転換を支える新しい理論、新しい「政府」概念、従来の中央、地方に替わる新しい政府間関係理論の構築が求められています。

この講座は知識を講師から習得する場ではありません。ものの見方、考え方を自分なりに受け止めてもらう。そして是非、自分自身で地域再生の自治体理論を獲得していただく、そのような機会になれば大変有り難いと思っています。

「地方自治土曜講座」実行委員長
北海道大学法学部教授　森　啓

（一九九五年六月三日「地方自治土曜講座」開講挨拶より）

著者紹介

小西　砂千夫（こにし・さちお）
関西学院大学大学院経済学研究科・産業研究所教授
一九六〇年大阪市生まれ。
関西学院大学経済学部卒業。同大学大学院経済学研究科博士課程を経て同大学助手、講師、助教授、教授を経て一九九九年に同大学大学院経済学研究科教授に就任し、産業研究所教授を兼務。
専門は、市町村合併、税、財政投融資、地方財政、アジアの税制など。
総務省「町村合併推進会議」「地方行財政ビジョン委員会」、財務省、消防庁、国土交通省、地方自治体などで多くの委員を務める。
「市町村合併ノススメ」（ぎょうせい）など著書多数。

地方自治土曜講座ブックレットNo．７６
市町村合併をめぐる状況分析

２００２年2月１５日　初版発行　　　定価（本体８００円＋税）

著　者　　小西砂千夫
企　画　　北海道町村会企画調査部
発行人　　武内　英晴
発行所　　公人の友社
〒112-0002　東京都文京区小石川５－２６－８
ＴＥＬ０３－３８１１－５７０１
ＦＡＸ０３－３８１１－５７９５
振替　００１４０－９－３７７７３

「地方自治土曜講座ブックレット」（平成7年度～12年度）

《平成7年度》

	書名	著者	本体価格
1	現代自治の条件と課題	神原 勝	九〇〇円
2	自治体の政策研究	森 啓	六〇〇円
3	現代政治と地方分権	山口 二郎	（品切れ）
4	行政手続と市民参加	畠山 武道	（品切れ）
5	成熟型社会の地方自治像	間島 正秀	五〇〇円
6	自治体法務とは何か	木佐 茂男	六〇〇円
7	自治と参加 アメリカの事例から	佐藤 克廣	（品切れ）
8	政策開発の現場から	小林 勝彦 大石 和也 川村 喜芳	（品切れ）

《平成8年度》

	書名	著者	本体価格
9	まちづくり・国づくり	五十嵐広三 西尾 六七	五〇〇円
10	自治体デモクラシーと政策形成	山口 二郎	五〇〇円
11	自治体理論とは何か	森 啓	六〇〇円
12	池田サマーセミナーから	間島 正秀 福士 明 田口 晃	五〇〇円
13	憲法と地方自治	中村 睦男 佐藤 克廣	五〇〇円
14	まちづくりの現場から	斎藤 外一 宮嶋 望	五〇〇円
15	環境問題と当事者	畠山 武道 相内 俊一	五〇〇円
16	情報化時代とまちづくり	千葉 純 笹谷 幸一	（品切れ）
17	市民自治の制度開発	神原 勝	五〇〇円

《平成9年度》

	書名	著者	本体価格
18	行政の文化化	森 啓	六〇〇円
19	政策法学と条例	阿倍 泰隆	六〇〇円
20	政策法務と自治体	岡田 行雄	六〇〇円
21	分権時代の自治体経営	北 良治 佐藤 克廣 大久保尚孝	六〇〇円
22	地方分権推進委員会勧告と これからの地方自治	西尾 勝	五〇〇円
23	産業廃棄物と法	畠山 武道	六〇〇円
25	自治体の施策原価と事業別予算	小口 進一	六〇〇円
26	地方分権と地方財政	横山 純一	六〇〇円
27	比較してみる地方自治	田口 晃 山口 二郎	六〇〇円

「地方自治土曜講座ブックレット」（平成7年度～12年度）

	書名	著者	本体価格
	《平成10年度》		
28	議会改革とまちづくり	森　啓	四〇〇円
29	自治の課題とこれから	逢坂　誠二	四〇〇円
30	内発的発展による地域産業の振興	保母　武彦	六〇〇円
31	地域の産業をどう育てるか	金井　一頼	六〇〇円
32	金融改革と地方自治体	宮脇　淳	六〇〇円
33	ローカルデモクラシーの統治能力	山口　二郎	四〇〇円
34	政策立案過程への「戦略計画」手法の導入	佐藤　克廣	五〇〇円
35	’98サマーセミナーから「変革の時」の自治を考える	神原　昭子 磯田　憲一 大和田建太郎	六〇〇円
36	地方自治のシステム改革	辻山　幸宣	四〇〇円
37	分権時代の政策法務	礒崎　初仁	六〇〇円
38	地方分権と法解釈の自治	兼子　仁	四〇〇円
39	市民的自治思想の基礎	今井　弘道	五〇〇円
40	自治基本条例への展望	辻道　雅宣	五〇〇円
41	少子高齢社会と自治体の福祉法務	加藤　良重	四〇〇円
	《平成11年度》		
42	改革の主体は現場にあり	山田孝夫	九〇〇円
43	自治と分権の政治学	鳴海正泰	一、一〇〇円
44	公共政策と住民参加	宮本憲一	一、一〇〇円
45	農業を基軸としたまちづくり	小林康雄	八〇〇円
46	これからの北海道農業とまちづくり	篠田久雄	八〇〇円
47	自治の中に自治を求めて	佐藤　守	一、〇〇〇円
48	介護保険は何を変えるのか	池田省三	一、一〇〇円
49	介護保険と広域連合	大西幸雄	一、〇〇〇円
50	自治体職員の政策水準	森　啓	一、一〇〇円
51	分権型社会と条例づくり	篠原　一	一、〇〇〇円
52	自治体における政策評価の課題	佐藤克廣	一、〇〇〇円
53	小さな町の議員と自治体	室崎正之	九〇〇円
54	地方自治を実現するために法が果たすべきこと	木佐茂男	［未刊］
55	改正地方自治法とアカウンタビリティ	鈴木庸夫	一、二〇〇円
56	財政運営と公会計制度	宮脇　淳	一、一〇〇円
57	自治体職員の意識改革を如何にして進めるか	林　嘉男	一、〇〇〇円

「地方自治土曜講座ブックレット」（平成7年度～12年度）

書名	著者	本体価格
《平成12年度》		
58 北海道の地域特性と道州制の展望	神原　勝	［未刊］
59 環境自治体とＩＳＯ	畠山　武道	七〇〇円
60 転型期自治体の発想と手法	松下　圭一	九〇〇円
61 分権の可能性 ―スコットランドと北海道	山口　二郎	六〇〇円
62 機能重視型政策の分析過程と財務情報	宮脇　淳	八〇〇円
63 自治体の広域連携	佐藤　克廣	九〇〇円
64 分権時代における地域経営	見野　全	七〇〇円
65 町村合併は住民自治の区域の変更である。	森　啓	八〇〇円
66 自治体学のすすめ	田村　明	九〇〇円
67 市民・行政・議会のパートナーシップを目指して	松山　哲男	七〇〇円
68 アメリカン・デモクラシーと地方分権	古矢　旬	［未刊］
69 新地方自治法と自治体の自立	井川　博	九〇〇円
70 分権型社会の地方財政	神野　直彦	一、〇〇〇円
71 自然と共生した町づくり 宮崎県・綾町	森山喜代香	七〇〇円
72 情報共有と自治体改革 ニセコ町からの報告	片山　健也	一、〇〇〇円